JN418689

전인숙 제4시집

정상을 향해

국립중앙도서관 출판시도서목록(CIP)

정상을 향해 : 전인숙 제4시집 / 지은이 : 전인숙. — 서울
: 한누리미디어, 2007
p. ; cm

ISBN 978-89-7969-309-6 03810 : ₩6000

811.6-KDC4
895.714-DDC21 CIP2007002753

책머리에

가정과 생활 주변의 상황을 지적으로 처리해 서정시로 엮었으며 함축과 암시적인 표현으로 내적 운율을 표출하고자 했다.

외롭고 그리운 생활은 물꼬가 터지듯 노래하고 생활을 즙을 짜듯 간결한 시로 표현했다.

조심스럽고 부끄러운 마음으로 그동안 발표한 시들을 엮어 시집을 낸다.

2007. 8. 20.

全 仁 淑

차례

전인숙 作 (10F)

1부

·
·
·

나무

차례

전인숙 作 (10F)

2부

정상을 향해

차례

전인숙 作 (10F)

3부

킬리만자로

차례

전인숙 作 (10F)

4부

호주일기

차례

전인숙 作 (10F)

5부

결혼

차례

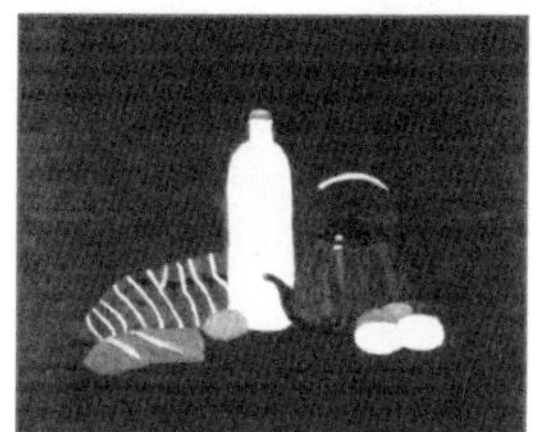
전인숙 作 (10F)

6부

외국어 대역

1부

나무

나무

굳건한 뿌리로 둘러싸여
단단히 버티고 서 있다
어떤 폭풍우에도 쓰러지지 않을 자태로
푸르름이 한창인 저 나무
저 나무 등걸에 앉아 있으면
전 생애의 엑기스로 된 언어를 찾아
시를 쓸 수 있을까
우람하고 아름다운 나무에 둥지를 틀고
청아한 목소리로 우는 새
자식을 위한 기도로 청아한 목소리로
하늘에 울려 퍼지는 기도를 하고 싶다
엄마가 되어 시인이 되어
저 우람한 아름다운 나무가 되고 싶다

나무에 글씨와 그림이 새겨져 있다
인간의 이기심이 낸 상처들
살기 위한 길을 찾아 뻗는 가지들 사이
고통 속에 이루어진 구멍 속에
세월의 빗물 낙엽들은 쌓여
일부는 썩고 검은 빛으로 촉촉이 젖어 있다
개미들에게도 보금자리를 내어주는 나무

모든 것을 아낌없이 내어주는 나무
침묵의 인내로 헌신과 사랑으로
버티는 어머님 같다
큰 나무가 모여 훌륭한 나무의 쉼터가 되듯
좋은 인맥을 만들며 서로 도와
멀리서도 찾아올 수 있는 큰 나무가 되자

파도치는 바다

파도는 나를 닮았다
하얗게 부서지는 아픔이 있을지라도
아름다운 진실이라면
두려움 없이 부서진다

회초리를 든 엄마의 사랑처럼
세상이 놀라도록 외치며
눈부신 햇살로 하얗게 부서지는 파도
바다는 두려운 아름다움으로 파도친다
바다는 생명을 잉태하여
품어 안아 기른다

젊은 날

눈부시도록 찬란한 햇살은 쏟아지고
청명한 하늘에 구름도 아름다워
팔베개하고 누워
마음 주고 구름 따라 흐르는 이 순간
젊은 날이 그리워진다

철없을 적 막내가 친구들과 뛰어놀다
언덕에 누워 하늘의 구름을 보는데
구름 속에 엄마가 있어
엄마 사랑 그리워 뛰어왔다며
해맑은 웃음으로 품을 파고들던
젊은 날 행복이 그립다

테즈메니아의 구일간

테즈메니아는
호주 본토 범죄자들을 수용하였던 유형지였는데
지금은 아름다운 공원으로 조성되어
그 안에 죄수들의 교회와 독방이
기념으로 남아 있고
감옥에 들어가는 카드 입장권에
카드사진 인물 따라
그 죄수들의 일생을 찾아보는
스릴과 즐거움도 있다
내 카드의 죄수는
십육세에 들어온 미소년이다
너무 가슴 아파 그 영혼을 위해
묵념 기도해 주었다
쇠고랑을 발에 차고 웃고 사진 찍는 사람도 있다
나와서 설명 들으며 돌아보는 넓은 공원은 참 아름답다

버스로 한참을 달리다 내리면
가는 곳마다 날씨와 온도차가 심하다
바다와 산과 숲, 호수와 강, 넓은 푸른 초원
끝없이 펼쳐진 푸른 초원에 풀을 뜯는 양떼들
하늘이 맞닿은 듯 가보면 넓은 초원에 검은 소들

차창의 풍경이 바뀔 때마다
대자연의 아름다운 공원 같은 섬
숲과 고사목이 어우러진 풍경
설날이 그리워지는 이국의 설경
밭갈이를 한 적색 토양의 흙
천자만홍인 튤립 꽃밭의 황홀한 감격
세상에서 제일 긴 대형의 무지개
꽃밭의 감격에 신기루를 보았나 하는데
할머니 무지개다 하는 손녀의 말에
무지개는 가까이 있었다

하루에 일인 팔십불
광산 기차를 타고 달리면
깊은 계곡 금이 나왔다는 황금빛 물길 따라
깊숙이 계곡 습지대를 지나다 보면
35m의 나무들을 볼 수 있다
광산에서 나온 보석돌 전시와 도시락도 준다
다양한 꿀 전시와 맛도 볼 수 있다
참으로 아름다운 테즈메니아

그랜드 캐니언

미국의 그랜드 캐니언은
콜로라도 강의 반복된 침식 결과로
만들어진 협곡으로
마치 칼로 도려낸 것처럼 날카롭고
웅장한 아름다운 관광지다

한참 내려다보는 나는
살점을 막 도려낸 갈비뼈처럼
생생하고 정교하게 조각된 것같다고 느끼며
생명을 탄생시킨 여인의 자궁 속이
이처럼 위대하고 아름답지 않을까

너무 많은 세월들을 아픔의 역사 속에서
삶의 풍화작용에 의해 인생은
캐니언처럼 위대하고 아름답지 않은가

그러나 한편 인생은 희로애락 속에 늙어
통증을 느끼며 빈 유모차에 의지하여
남은 생을 힘겹게 밀고 가기도 한다

풍경

I

아름다운 풍경 속에 앉아 있다
눈을 감으면
한 아름 가슴으로 들어오는 풍경
풍경 속 언어들이 짝을 찾아 줄을 세워 시를 만든다

II

향기 자욱한 숲을 지날 때
그리운 눈빛 방긋 웃는 임 있는 것 같아
초록 빛 사이로 코를 내밀어 들여다본다
쓸쓸한 마음은 큰 호흡으로 가다듬어
체조를 하며 즐거운 마음이 된다

III

잔디에서 나무들 사이로 손주와
숨바꼭질하면
해를 닮은 손주의 얼굴이 행복하다
덩달아 즐거운 소녀가 된
나를 본다

바다

온 종일 바다만 바라본다
빈 손에 모래가 가득하고
빈 가슴에 파도가 가득하다

눈이 부시는 파도 소리
온 하루 파도 소리를 듣는다
내 전신에 가득히 파도친다

꿈속에서도 파도를 만난다
내가 파도가 되고
당신 또한 파도가 되어 만난다

부부나무

서로 마주보며 한 나무로 자란 나무 부럽구나
언제 나도 너처럼 한 나무로 살까

가족 앨범에 없는 당신
애들에게 들려줄 추억조차 없는 당신
외롭고 그리운 세월의 기다림

일을 위해 태어난 당신
병들어 세상이 필요로 하지 않으니 먼저 간다
애들 잘 기르고 내 몫까지 살라는 유언

평생 다 합쳐서 일 년 살았나
부부의 정이 사랑이 무언지? 최선을 다해 살았다
시집 보내고 장가 보내고 저 살기 바쁜 애들

뒤돌아보는 먼 세월들
죽고 싶도록 서러운 한은 뼛골에 사무쳐
살아온 애기 목이 메이는 벙어리

햇살

자꾸만 무너져 내리는 가슴을
간신히 안고
따뜻한 햇살을
해바라기하고 있으면
내 속에 살고 있는 당신의 모습
당신의 언어들이
피부 속 근육에
뿌리로 내려
햇살은 따뜻한 눈빛으로
가득히 돌아오고
알찬 시간 속으로 날 일으키는
생명으로 우거진 찬란한 빛이 된다

해돋이

붉은 해를 안고
황금 빛 물길 위로
달려오는 당신

가슴을 열고
바다를 향해
마주 달려가고 싶다

파도는 와락
벅찬 가슴으로 안아
즈믄 해의 외로운 기다림을 풀어낸다

2부

정상을 향해

정상을 향해

같은 꿈을 가진 무리들이 정상을 향해 오른다
저마다 자리잡고 시상을 조각한다
소복한 여인도 홀로 자리잡았다
시간 내에 끝 맞춘 이들은
확인도 하지 않은 채 바다에 던지고
부러운 모습으로 하산한다
아직 앉아 시를 조각하는 이도 있다
세월이 바뀌고 아무도 없다
신선인 듯 스승인 듯하는 이
끝났다는 듯 휘익 돌아보고 간다
파도가 심하고 눈보라가 치는데
시린 가슴 얼은 손은 조각하는 걸 멈추지 못한다
끝 마친 조각품 바다에 던지고
살아 바다를 헤엄쳐 가는 걸 보고 쓰러진다

당신

긴 인연의 고리 사랑의 족쇄에
갇혀 버린 답답한 가슴은
반기는 사람 없는 산사를 향해
미끄러지며 무릎까지 빠지며
부부의 정 다하지 못한 한
서러움으로 오릅니다

눈꽃 핀 가지는 미치도록 아름다워
당신을 부르지만
산사의 밤 푸르도록 외로운 별빛에
생명의 뿌리가 뽑히는 통곡을 합니다

억겁년 지나도 잊히지 않을 당신
자식 일로 고통할 때
꿈으로 오셔 해결책을 주시는 당신
산 사람은 살아야 하는 세월
내 안에 살아계신 당신을 그리워 합니다

하늘처럼 배꽃처럼

내가 과부가 될 줄이야
꿈에도 몰랐다

근거 없는 의심과 질투
남의 말 하기 쉽다 말하지 마라

친정 구남매 옷도 내려 입던 시절
입던 옷 싫다는 나를 부모님 새 옷 주셨다

하물며 사람인데 남의 사람 원하겠나
남의 말 하기 쉽다 근거 없는 말 하지 마라

물이 너무 맑아 물고기가 살지 못한다 해도
하늘처럼 배꽃처럼 살아온 나를

작은 폭포

심히 고뇌스러워
산행길에 올랐다
작은 폭포를 보았다

물줄기 주위에 푸른 이끼가 끼어
여인의 음부같다
물줄기 밑에 돌출되어 있는 바위
힘차게 쏟아지는 폭포 거품의 흐름
온 전신에 신비의 전율을 느낀다
눈을 감는다

몸의 솜털은 비수가 되어 살아나고
대장간에 달궈진 쇠가 된다

한 26

홀시아버님 잔소리로 동이 트는 새벽
담을 넘어 동네 분들 깨운다
퍼붓는 잔소리는 저승의 노래
혈색 없는 얼굴은 서럽고 외로워도
어스름 길가마당 쓸고 들어와 밥을 앉힌다
약탕관에 빨래에 생선가시에 생손 앓아가며
굳은 살 생겨 바느질할 때 명주 올 뜯기는 손그스럼
해외근무에 손님처럼 왔다 가는 남편
가족사진에 없는 아빠 모습
사무치도록 그리워 시를 쓴다
X레이 상 멀쩡한 가슴은 통증이 심해
삼남매 사랑의 씨앗 있어 죽을 수만은 없어
침묵과 헌신으로 천 길 빙벽을 매일 오른다
홀시아버님 대소변 받아가며 너무 힘든 세월
세월은 미움도 원망도 사랑으로 바꾸며
친정아버님처럼 모셨다
남편도 못 보고 지쳐 이대로 죽는 건 아닌지

사십구제를 지내며

언 흙 머리 들고
새순 돋는 싹처럼

통곡하는 가슴에
새순으로 트이소서

백팔개의 염주알 눈물로 축원하며
영원히 사랑하는 임이여

절벽으로 닫힌
어둠의 문 열어 주소서

시인

왜 사는 걸까
왜 가슴 아파 시를 써야만 할까

시를 쓰기 위해 살아온 삶인지
시를 쓰지 않으면 살 수 없어
살아온 삶인지

아니다 삶의 체험 속에서
아픔을 시어로 창조하는 새로운 시를 쓰자
고통의 피를 흘리자

일일구 중환자

일일구 사이렌 소리와 기도는 높아
하늘에 긴급 도움을 청해 길이 트이고
응급실에서 하룻밤을 지샜다
파 숙지가 된 몸은 자꾸만 쓰러져
차가운 시멘트 위에 신문지 깔아 주어
떨리는 새우잠 들었다
다음날 일인실에 옮겼다
병원생활 길어지며
다리는 부어 몸은 아파
화장실 변기 뚜껑에 앉아 다리를 주무르며 졸았다
아이들까지 고생이다
음식을 못 넘겨 자꾸 토해
코에 주사기로 영양을 준다
바라보는 눈빛 더욱 가슴 아파
주사바늘 꽂을 자리가 없구나

뻐저리게

가슴으로 뼈저리게 느끼는
하늘보다 깊은 사랑
내 삶 속에 있어
마음 안에 살아 계신 당신
사랑한다는 말, 보고 싶다는 말
할 수 없어도 듣지 못해도
그리워하는 오직 한 사람
자식 근심에 잠 못 이루다
잠깐 새우잠 들면
꿈속으로 찾아와
해결책을 일러주는 당신
꿈속에서 만날 수 있다는 것만으로도
가슴 벅찬 얼마나 큰 행복인지 모릅니다

사라봉의 절경

사라봉 절벽 위에
한 여인이 앉아있다
아름다운 절경에 그만
자살할까 봐
경비정 가끔씩 돈다

사랑하기에 믿고 기다린다
일에 몰두하면
아내와의 약속을 잊는 남편
석삼년 교훈에 순종하는 아내

소녀시절 시인이 되겠다는 꿈
엄마가 되어서도 꺾지 못한 꿈
사라봉 자살 바위
절경 앞에서 시를 쓴다
기다림은 행복하다

3부

킬리만자로

킬리만자로

사계절 눈이 쌓인 킬리만자로
멀리서 바라만 보아야 하는 성스러움
항상 눈이 쌓여 베일에 가리워진 산
동이 트는 순간 운무는 걷히고
활화산처럼 불을 뿜는 사랑의 불꽃
사무치도록 그리워 통곡하는 기다림은
눈의 결정체를 이루어
진홍과 흰 빛을 발하는
사랑의 기다림이여

못 박히듯 끓어 오르는 감동으로
바라고 서서
생명의 깊은 바다 속에서
절실한 사랑의 앙금들로 이룬
사무치는 언어들로
몸 세포마다 폭포수처럼 터져 나오는
울부짖는 영혼의 기도가 있습니다
할 말이 너무 많아서
침묵할 수밖에 없는 나는
나의 사랑을 삶을 본다
아! 사무치는 그리움의 기다림이여

캐나다

삼분 차이로 캐나다 공항에서
탑승을 못한 천지에 홀로 된 이방인
도와줄 이도 언어도 통하지 않는
낯설은 국제공항

충격이 가신 뒤 오히려 담담하다
어차피 홀로 된 생애
새로운 삶 시작인데
무얼 두려워 하는가

어떤 비행기를 타든
새로운 삶을 시작하자
그때 동생의 도움이, 끈끈한 정이 찾지 않았다면
어떤 삶을 인연을 맺었을까

롱 비취의 풍경

파도는 두려운 산맥처럼 밀려오다 돌돌 말아 백파로 변해
흰 거품이 백사장의 모래를 휩쓸어간다
구릿빛 청년 셋이 파도를 탄다
파도 타던 청년들이 사라졌다 다시 나타나 안도의 숨을 쉰다
중년 부인이 바다에 공을 던진다
개가 쏜살로 들어가 헤엄쳐 물고 나온다
저만치서 젊은이가 품에 사랑스러운 듯 아기를 감싸고 온다
아빠의 품에 포근히 잠들어 있는 갓난아기의 미소는 행복하다
아내를 사랑하는 행복이 산책 나왔다

길고 긴 섬 바다는 참으로 아름답다
백사장은 부드러운 구운 소금 빛이다
바다를 향한 긴 별장들
가족들이 나와 파라솔을 펴 자리잡는다
롱 비취에서 볼 수 있는 미국인 가족
할아버지 할머니 아빠 엄마 형 누나 동생 행복한 가족이다

아이들은 장난감에 바닷물을 담아 모래로 성을 쌓으며 논다
바닷가에서 놀던 아이들 쏜살로 달아나기도 하고
까르르 바닷물과 술래를 하나 보다
신문을 읽던 할아버지 잠이 드셨다

썬텐하던 아가씨들 몸매 자랑하며 바다에 뛰어든다
청년들 놓칠세라 따라 뛰어든다
걸어도 걸어도 끝이 없는 모래사장
젊은 애들이 배구를 하고 있다
땀방울에 모래 비늘이 생겨 반짝인다

연주담

천상에서 백옥가루를
흘려 내리는 아름다운 폭포
흘러 흘러 연주담을 이루었네
청옥구슬로 꿰어 만든
두 소담의 초록 호수

전설 속 견우 직녀가
정담을 나누는 듯 옥 구르는 소리
무지개를 타고 천상에 오르는
나의 영혼이여

제주도 강전천

강물 속에
임부가 들어앉을 만한
바위항아리 있어
신기했다
자연이 만든 바위항아리
발을 담가 호젓이 앉아
더위를 잊는다
항아리 속 찰랑대는 발 사이로
하늘의 구름이 내려와
내 영혼 더욱 행복하다

그리운 님
뜨거운 태양처럼
그 꿈의 빛만을
나한테 보낸다
강전천은 흘러
바다와 만나는 곳
바위에 부딪쳐 두 물줄기
첫날밤 합방하듯
하늘로 치솟아 무지개가 되어
파도는 물보라를 이룬다

사랑의 그림자

뒤를 돌아다보면
그림자가 있습니다
항상 해의 말씀대로
움직이는 그림자입니다

그림자는
말을 할 줄 모릅니다
충만한 사랑 가슴 앓으며
뒤를 따를 뿐입니다

조용히 옆에 서서 따르다
조금 뒤로 물러서서 따르면
너무도 작아져만 가는 분신입니다

얼마나 얼마나 사랑하면
영혼 속으로 들어가
그림자가 없어졌을까
나는 그림자입니다

모과

아가의 볼인 듯 부드러운
푸른 하늘을 닮아
스치는 바람에도
상처를 입는다

사무치는 그리움은
삶의 상처로 노랗게 익어
세월의 무게에
더욱 향기롭게 무르익는다

히야신스

꽃 속에 꽃이 피어
꽃구름처럼 피어 남근을 닮아
남성을 상징하는 꽃인가

짙은 향기는
천상에서 피어나는
임의 향기인가

핑크 보라 빨강 흰빛 아름다운 꽃봉오리
꽃을 향해 모아 핀 푸른 잎은
두 손 모아 기도 드리는가

산수유

깃털이 날아 꽃이 피었나
병아리 잡으러
넘어질 듯 달리는 아기
놀란 병아리 날을 듯 달린다

겨울엔 산호빛 열매가 열려
열매가 풍성한 때와 해를 거를 때를
몇 해를 지냈나 이젠 초등학생일 텐데
보고 싶다 전화도 힘드나

보석 같은 열매를 바라보며
그리움에 불러 본다
손주가 할머니하고 부르는 것 같다

오동꽃

올해도 오동나무에
보라꽃 피어
산책길에서 손주와 바라보는 꽃은
오늘따라 더욱 아름답다
오동 보라로 화사하게 입고 싶다던 어머님
추억만 남아
손주의 손을 잡고 서서
어머님을 그리워 한다

4부

호주일기

호주일기 1

동쪽 창 햇살은 나를 깨운다
현관문을 여니
향기로운 꽃들이 활짝 웃으며
싱그러운 바람은 나를 감싼다
하늘에 맞닿은 가로수들
호주의 특이한 이국적 풍경에
정감을 느낀다
한참 걷다 나를 따르던 고양이와
눈이 마주쳐 주춤 멈춰 선다
손을 들어 "하이" 하고 인사하고 걷는데
여전 따라 온다
목장의 말들이 풀을 뜯다
일제히 내게로 다가온다
놀라 주춤 멈춰서 눈을 응시하다 웃어 주었다
호숫가에 와서 벤치에 앉으니 한가롭다
새들이 땅에 내려와
먹이를 달라는 듯 모여들어
빈손인 걸 미안했다

호주일기 2

빵을 들고 손주 남매 앞세우니
즐거운 산책길이다
엄마와 자주 온 듯 오리들 성격을 파악한다
큰 손주가 오리 엉덩이를 밀어 물에 넣으며
이놈은 물에 들어가길 싫어하며 사납다 한다
우린 오리걸음 흉내에 깔깔대며
빨리 걸어 숨차 잠시 쉰다
서울선 늘 혼자 산책했다
손주들이 있어 참으로 행복하다
호주에는 아름다운 색깔의 새들이 많아
새들의 천국이다
새 이름을 대며 얘기하는
손녀의 눈이 반짝이며 함박웃음을 웃는다

호주일기 3

매일 8시 10분 해가 질 무렵 일제히 운다
딱따구리 나무 찍는 소리 같기도 하고
어릴 적 바람 치는 날 전봇대에서
울리는 귀신 같은 소리 같기도 하고
수천 개의 빨래판 긁어대는 소린가
머리골이 아픈 소리 정말 싫다
훈이 말이 풀벌레 소리란다
믿기지 않아 했더니 사진 찍은 걸 보여준다
너무 작아 놀랍고 풀벌레가 얼마나 많기에

6세 손녀의 말이
너무 더워 입에서 불이 난다 한다
저녁 식사 후 너무 숨이 막혀
바람 불까 싶어 밖을 나갔다
벌레들 공격에 지옥이 따로 없구나 싶어
손을 휘저으며 뛰어들어 왔다
머리와 옷 속에서 벌레들이 쏟아진다
손자가 벌레를 주워 보더니
오늘이 개미들 짝짓기 비행하는 날이구나 한다
시기를 잘못 택해 밖에 나가신 거라 한다
손자가 호주의 밤은 별빛이 너무 아름다워
망원경을 사려고 천구백 불을 모은다 한다

호주일기 4

호주의 아침은 맑은 공기와 새소리
시골 풍경은 참으로 아름답다
호주의 11월은 한국의 3,4월
하루에도 사계절을 지내야 하는
변덕스러운 하루다
추웠다 더웠다 비가 왔다 우박이 내렸다
종잡을 수 없는 하루다
햇빛은 너무 덥고 따갑고
그늘은 시원하고 흐린 날은 춥다
12월은 불볕 더위에 크리스마스다
여기선 제일 훌륭한 장식을 한 집을 골라
지역에서 상을 준다

호주일기 5
— 무료한 날

허리와 관절이 너무 아파
아이보리색 카펫에 누워 운동을 하다
책을 보려고 엎드려 돋보기를 쓰니
깨끗했던 카펫에 웬 머리카락
책을 밀쳐놓고 기어 다니며 뜯다 보니
반나절이 훨씬 가 버렸다

운동을 하려고 공원에 나갔다
학교수업 끝나고 각 학교 축구팀들이 모여든다
알 수 없는 빨강색 티를 입은 팀과
자주색 티를 입은 팀이 연습을 한다
비취색 티의 팀과 보라색 티의 팀
주황색 티의 팀과 노란색 티의 팀
연두색 팀과 하늘색 팀
진핑크 팀과 연분홍색 팀
모두 검정색 바지였는데
검정색 티의 팀과 진초록색 티에
빨강 바지를 입은 팀이다
학교마다 색이 다른 유니폼이다
넓은 푸른 잔디에 꽃구름 되어 움직인다
연습한 지 한 시간쯤 되어서

모양과 색이 다른 자가용이 모여든다
시합이 있나 보다
무료하던 나는 생기가 돈다

오리

병아리만한 오리 새끼 두 마리가 귀여워 보는데
아빠 엄마 오리가 양쪽에 서서
쪼이면 몹시 아플 것 같은 기세로 가차이 온다
기세에 눌려 황급히 피하며
해칠 뜻은 전혀 없다
사랑스러워 보는 것뿐이다
다음날 조심스러이 오리 옆을 지나며 보는데
조금 큰 새끼 한 마리를 다른 아빠 엄마가 보호하고 있다
멀리 서서 살펴보니 오리 병아리는
아빠 엄마 하는 대로 따라 하며 배운다
다른 엄마만한 오리 새끼 두 마리가 보호 받으며 온다
하물며 인간으로 자식 버린 부모는 어찌된 것일까

새들의 천국

조용하고 쾌적한 생활터전
새들의 평화는 깨어지고
유학 이민 늘어나며
시골 넓은 들녘에 나무와 풀이 사라지고
집을 짓는 일꾼들이 커다랗게 틀어 놓은
음악소리에 예쁜 새들은
자취를 감추었다
고향을 찾듯 새들의 들녘에 갔더니
천연색 아름다운 새들은 사라지고
눈 윙크하던 일꾼은 노래를 따라 부른다

새

I

새벽 6시 문을 나서는데 나무에
나무색을 닮은 새가 움직인다
등과 날개는 녹색 얼굴 가슴은 붉은 꽃 빛깔이다
참 아름다워 소리를 멈추고 바라보는데
놀란 새 날아가 버린다
호주는 새들의 천국이다
그중 무지개 앵무새는 참으로 아름다워
사랑한다 보고 싶다

II

공원 전깃줄에 호주 새가 앉아
쪽쪽쪽 소리가 요란하다
빠른 날갯짓에 쪽쪽 소리는
나의 발끝까지 전율을 통한다
새들의 정열적인 키스는 평생 처음 보았다
우리나라 새들은 점잖게 키스를 한다
호주인들이 다 그런가
뚱뚱한 몸 연분홍 얼굴 가슴을 하고
연회색 등과 날개를 한 새는
호주인 같다

III

천둥번개 요란한 소리와 바람은
비를 내리지 못하고
산통을 느끼는 여인처럼 힘겹다
비가 와야 할 텐데
비가 안 오면 바람에 나무가 마찰해
산불이 나서 교통이 마비될 텐데
식수가 부족해 물로 세차하면 법에 걸려

바람에 둥지에서 떨어진 알들을
지키는 어미 새와 아빠 새
잔디 위에 알을 품고 있다
알이 몇 개인가 둥지에 옮겨 주고 싶을 뿐인데
아빠 새가 무서운 기세로 목청껏 짖어댄다
엄마 새는 알을 품안에 감추며 짖어댄다
새의 부성애에 감복하며 빨리 떠났다

무지개 앵무새

일곱 빛깔 보석으로 장식한
인사하는 무지개 앵무새
반짝이는 화가의 눈빛도
두려워하지 않고
황홀한 모습 드러내
화폭에서 살아난다

새롭게 탄생하는 새벽 산책길
호주 교정에서 볼 수 있는 새
아름답고 황홀한 모습
날갯짓하면
일곱 빛깔 보석이 햇살로 피어나
학생들에게 꿈을 심어준다

도전

여행 가자는 연락 받고
딸도 손주도 보고 싶어
여행길에 올랐다
관절약 먹은 후
다리에 힘이 없어지고
가끔 마비가 오며 양다리에 철근을 달은 듯
무겁고 내 몸이 아니다 피곤해 그러나
멀쩡한 내가 어찌 된 것일까

하나님이 만드신 신비로운 몸
정신력으로 믿음으로 운동으로 이겨내자 하며
구일간의 여정을 마치고
매일 아픔을 잊기 위해 음악에 심취하며 글을 쓴다
점점 악화되어
다른 진통제를 복용하며
한국에 돌아와 책을 낼 준비를 한다

5부

결혼

결혼

결혼은 사랑의 굴레를
벗지 못하는 족쇄
사랑은 사막을 걷는
뜨거운 태양 속 갈증
사랑도 결혼도 없다면
행복한 열매도 없다

어머님

화환으로 둘러싸인 영안실
생전에 감사한 줄 몰랐습니다
괴로워 뉘우치며 통곡합니다

계속 들어오는 화환이 바뀌어 나갈 때마다
어둠의 세월을 풀어주고
영원한 자유를 주고 나가는 천사들 같습니다

외로운 헌신 자애로움을 몰랐습니다
영전에 엎드려 명복을 비는 마음
화환으로 만개했습니다

진달래

온 산에 진달래 붉게 물들면
아버님 생각이 난다

다시 못올 먼 곳으로 떠나며
환하게 웃으시던 아버님

바람결에 전해 오는 부르는 소리
하늘을 향해 기다리신다

한 아름 따온 진달래꽃 술 익으면
아버님 추억으로 꽃을 피운다

온 산에 진달래 꽃 필 때면
아버님 생각이 난다

붙잡지 못하여

외로운 마음 붙잡지 못하여
다리가 저리도록 걸어다님은
사무치는 그리움입니다
하늘 우러러 뭉게구름 붙드는 눈빛은
가슴 저리도록 목줄기 타고 내리는 이슬
그리운 외로움입니다

불면

어둠 속 홀로 밀려나
숨결조차 고를 수 없는
불안 초초 불면의 시간

세상 밖으로 소외된
죽음 같은 시간
가슴 에이는 비수의 선혈

주님

아름다운 초록의 나뭇잎들이
주님의 숨결로 불어와 땀을 씻어 주시니
시원함이 주님 사랑 충만하옵니다

몸이 고달파도 은혜로 충만하여
춤으로 말씀을 전하는 눈빛은
하늘을 향해 행복합니다

아름다운 자연과 꽃향기를 통해
삶 속에 하나님을 느낄 수 있어
외로운 그리움을 잊고 주님 찬양하옵니다

인간의 사랑만이 행복한 줄
아름다운 줄만 알았는데
하나님 사모하는 마음이 얼마나 아름다운지

기도

뜨거운 영혼 홀로 서야 하는 삶이기에
선혈이 맺히도록 무릎 꿇어
기도 드립니다
너무나 멀리 계신 응답 없으신 하나님

외로운 고행 하늘의 뜻이라면
지켜보아 주소서 시를 쓰게 하소서
꿈을 향해 전진하게 하소서
자꾸만 무너지는 영혼을 붙잡아 주소서

삶 속에 모시오니

하나님을 삶 속에 모시오니
일상은 복사꽃으로 피어나고
봄 언덕에 햇살은 행복을 속삭이네

춤사위 익혀 가는 사명 있어
향 맑은 천사의 날개 펼치니
삶은 외로울 일 고뇌로 울 일 없네

하나님 함께 하시니 새 힘 늘 주시네
진리의 말씀 담대하게 전하세
삶은 아름다워 봉사할지어다

바다엔

바다에 눈이 쌓이냐고
노시인에게 물었다
늘 궁금했다
눈 내리는 바다가 보고 싶었다
겨울 바다에 몇해 가 보았지만
눈 오는 바다를 보지 못했다
귀밑머리 하얗게 나풀거리며 가 보았더니
바다엔 눈이 쌓이지 않는다
함박 함박 떨어지는 눈 꽃송이
내 마음 속에 쌓인다

통일을 기원하며

뜨거운 한민족의 피가
남과 북으로 나누어져
임진강은
분단의 통곡으로 흐른다

강둑이 터지듯 가슴을 열고
진실된 대화를 해야 하는 조국
오백 마리의 소떼 금강산 뱃길이 열려
봄바람은 분단의 장벽을 녹인다

팔억의 오르간

홀로 찾아간 교회
5분 거리
찬송도 성경공부도 더듬거려 늘 죄스러웠다
두렵고 조심스러워
겸손한 침묵으로 교회에 간다
불면의 밤 자식 근심에
달빛과 별빛은 영롱하다
착하게 잘 자라주어 고맙다
아담하고 아름다운 교회에
팔억의 오르간이 건축됐다
음악을 좋아하는 나는 행복하다

성화

올림픽 공원
빗 속에 성화는 여전히 불타고 있다
비에 젖은 만국기들이
반원으로 서서 줄을 섰다
비에 젖은 선수들의 맹훈련에
등줄기에서 열기가 솟는다
손주와 성화 앞에서 소원을 빈다
— 어떤 소원을 기도했을까

6부

외국어 대역

햇살

자꾸만 무너져 내리는 가슴을
간신히 안고
따뜻한 햇살을
해바라기하고 있으면
내 속에 살고 있는 당신의 모습
당신의 언어들이
피부 속 근육에
뿌리로 내려
햇살은 따뜻한 눈빛으로
가득히 돌아오고
알찬 시간 속으로 날 일으키는
생명으로 우거진 찬란한 빛이 된다

日差し

飜譯 洪潤基

しきりとくずおれる胸を
やつと抱きしめ
暖かな日差しを
浴びていると
わたしの内のあなたの姿
あなたの言葉らが
皮膚の内の筋肉に
根を張り
日差しは暖かな眼差しとして
一杯に戻つてきて
満ちた時間の中へわたしお起こす
命として茂る燦爛たる光になる

정상을 향해

같은 꿈을 가진 무리들이 정상을 향해 오른다
저마다 자리잡고 시상을 조각한다
소복한 여인도 홀로 자리잡았다
시간 내에 끝 맞춘 이들은
확인도 하지 않은 채 바다에 던지고
부러운 모습으로 하산한다
아직 앉아 조각하는 이도 있다
세월이 바뀌고 아무도 없다
신선인 듯 스승인 듯하는 이
끝났다는 듯 휘익 돌아보고 간다
파도가 심하고 눈보라가 치는데
시린 가슴 얼은 손은 조각하는 걸 멈추지 못한다
끝 마친 조각품 바다에 던지고
살아 바다를 헤엄쳐 가는 걸 보고 쓰러진다

頂上に向かい

飜譯 洪潤基

同じ夢を抱いた者たちが頂上に向かつて上る
各各、場所を得て詩想を彫刻する
素服の女性も一人で場所を得た
時間内に仕上げた者らは
確認もしないまま海に放り投げ
羨しい姿で下山する
まだ座つて彫刻する者もいる
歳月が変り、だれもいない
神仙のような、師のような者
終つたというようにくるつと振り返つて行く
波が荒れ、吹雪が舞うのに
しびれた胸、凍えた手は彫刻をやめられない
仕上げた作品、海の放り投げ
命を得た彫刻が海を泳ぐのを見て倒れる

파도치는 바다

파도는 나를 닮았다
하얗게 부서지는 아픔이 있을지라도
아름다운 진실이라면
두려움 없이 부서진다

회초리를 든 엄마의 사랑처럼
세상이 놀라도록 외치며
눈부신 햇살로 하얗게 부서지는 파도
바다는 두려운 아름다움으로 파도친다
바다는 생명을 잉태하여
품어 안아 기른다

波うつ海

飜譯 洪潤基

波はわたしに似た
白く砕ける痛みがあつても
美しい真実なら
恐れなく砕ける

鞭を持つた母の愛のように
世の中が驚くほど叫び
まばやい日差しに白く砕ける波
海は恐ろしい美しさで波うつ
海は命をみごもり
懐に抱えて育てる

무지개 앵무새

일곱 빛깔 보석으로 장식한
인사하는 무지개 앵무새
반짝이는 화가의 눈빛도
두려워하지 않고
황홀한 모습 드러내
화폭에서 살아난다

새롭게 탄생하는 새벽 산책길
호주 교정에서 볼 수 있는 새
아름답고 황홀한 모습
날갯짓하면
일곱 빛깔 보석이 햇살로 피어나
학생들에게 꿈을 심어준다

虹のオウム

飜譯 洪潤基

七色の宝石で飾つた
あいさつする虹のオウム
きらめく絵描きの眼差しも
恐れず
恍惚な姿現わし
絵の中から蘇える

新しく生まれる夜明の散歩道
オーストラリアの校庭で見られる鳥
美しく、うつとりする様
七色の宝石が陽光に生れ来て
学生らに夢を植えつける

바다

온 종일 바다만 바라본다
빈 손에 모래가 가득하고
빈 가슴에 파도가 가득하다

눈이 부시는 파도 소리
온 하루 파도 소리를 듣는다
내 전신에 가득히 파도친다

꿈속에서도 파도를 만난다
내가 파도가 되고
당신 또한 파도가 되어 만난다

海

飜譯 洪潤基

一日中、海ばかり見つめる
空いた手に砂が一杯で
空いた胸に波が満ちる

まばやい波の音
ひねもす波の音を聞く
わたしの全身に一杯に波うつ

夢の中でも波と会う
わたしが波になり
あなたも波になつて出会う

캐나다

삼분 차이로 캐나다 공항에서
탑승을 못한 천지에 홀로 된 이방인
도와줄 이도 언어도 통하지 않는
낯설은 국제공항

충격이 가신 뒤 오히려 담담하다
어차피 홀로 된 생애
새로운 삶 시작인데
무얼 두려워 하는가

어떤 비행기를 타든
새로운 삶을 시작하자
그때 동생의 도움이, 끈끈한 정이 찾지 않았다면
어떤 삶을 인연을 맺었을까

カナダ

飜譯 洪潤基

三分の差でカナダの空港で
搭乗できず天地に一人になつた異邦人
助ける人も言葉も通じぬ
初めての国際空港

シヨツクが去ると腹が座つた
どうぜ一人になつた人生
新たな生の始まりなのに
なにを恐れよう

どこの飛行機に乗るにせよ
新しい人生を始めよう
このとき弟の助けが、粘りある情がたずねてこなかつたなら
どんな生を、因縁を結んでいたろうか

킬리만자로

사계절 눈이 쌓인 킬리만자로
멀리서 바라만 보아야 하는 성스러움
항상 눈이 쌓여 베일에 가리워진 산
동이 트는 순간 운무는 걷히고
활화산처럼 불을 뿜는 사랑의 불꽃
사무치도록 그리워 통곡하는 기다림은
눈의 결정체를 이루어
진홍과 흰 빛(光)을 발하는
사랑의 기다림이여

못 박히듯 끓어 오르는 감동으로
바라고 서서
생명의 깊은 바다 속에서
절실한 사랑의 앙금들로 이룬
사무치는 언어들로
몸 세포마다 폭포수처럼 터져 나오는
울부짖는 영혼의 기도가 있습니다
할 말이 너무 많아서
침묵할 수밖에 없는 나는
나의 사랑을 삶을 본다
아! 사무치는 그리움의 기다림이여

キリマンジヤロ

飜譯 洪潤基

四季雪におおわれたキリマンジヤロ
遠く眺めてばかりおらねばならぬ神聖さ
常に雪におおわれベールにとざされた山
夜が明ける瞬間、雲霧は消え
活火山のように火を噴く愛の火花
しみ通るほどいとしく慟哭する待ちどうしさは
雪の結晶体を成し
真紅と白光を放つ
愛の待ちぼうけよ

釘を刺されたように煮え立つ感動で
眺めて立ち
生命の深い海の中で
切なる愛の澱で築かれた
しみ通る言葉らで
体の細胞ごと滝水のように飛び散る
なき叫ぶ靈魂の祈りがある
言いたいことがあまりに多くて
黙り込むしかないわたしは
自分の愛を、生を見る
ああ！しみ通るいとしさの待ちぼうけよ

나무

굳건한 뿌리로 둘러싸여
단단히 버티고 서 있다
어떤 폭풍우에도 쓰러지지 않을 자태로
푸르름이 한창인 저 나무
저 나무 등걸에 앉아 있으면
전 생애의 엑기스로 된 언어를 찾아
시를 쓸 수 있을까
우람하고 아름다운 나무에 둥지를 틀고
청아한 목소리로 우는 새
자식을 위한 기도로 청아한 목소리로
하늘에 울려 퍼지는 기도를 하고 싶다
엄마가 되어 시인이 되어
저 우람한 아름다운 나무가 되고 싶다.

나무에 글씨와 그림이 새겨져 있다
인간의 이기심이 낸 상처들
살기 위한 길을 찾아 뻗는 가지들 사이
고통 속에 이루어진 구멍 속에
세월의 빗물 낙엽들은 쌓여
일부는 썩고 검은 빛으로 촉촉이 젖어 있다
개미들에게도 보금자리를 내어주는 나무

木

飜譯 洪潤基

堅い根に囲まれ
しつかりもちこたえている
どんな暴風雨にも倒れない姿勢で
青が真盛りのあの木
あの木の切株に座つていると
全生涯のエキスからなる言葉を求め
詩を書けるだろうか
雄大な美しい木に巣をこしらえ
清らかな声でなく鳥
子供のために祈りて清らかな声で
天空に鳴りひびく祈りをささげてみたい
母になり詩人になり
あの雄大な美しい木になりたい

木に字と絵が刻まれている
人間の利己心がこしらえた傷ら
生きるための道を求めて伸びる枝の間
苦痛の中にできあがつた穴の中に
歳月の雨水、落葉らは積もり
一部は腐り黒くじめじめ濡れている
蟻たちにも巣を与えてやる木

모든 것을 아낌없이 내어주는 나무
침묵의 인내로 헌신과 사랑으로
버티는 어머님 같다
큰 나무가 모여 훌륭한 나무의 쉼터가 되듯
좋은 인맥을 만들며 서로 도와
멀리서도 찾아올 수 있는 큰 나무가 되자

すべてお惜しみなく与えてやる木
沈黙の忍耐で、献身と愛で
もちこたえている母のよう
大きな木が集まり優れた木の休み場になるように
よい人脈をつくり互いに助け
遠くからも訪ねてこられる大きな木になろう

한 26

홀시아버님 잔소리로 동이 트는 새벽
담을 넘어 동네 분들 깨운다
퍼붓는 잔소리는 저승의 노래
혈색 없는 얼굴은 서럽고 외로워도
어스름 길가마당 쓸고 들어와 밥을 앉힌다
약탕관에 빨래에 생선가시에 생손 앓아가며
굳은 살 생겨 바느질할 때 명주 올 뜯기는 손그스럼
해외근무에 손님처럼 왔다 가는 남편
가족사진에 없는 아빠 모습
사무치도록 그리워 시를 쓴다
X레이 상 멀쩡한 가슴은 통증이 심해
삼남매 사랑의 씨앗 있어 죽을 수만은 없어
침묵과 헌신으로 천 길 빙벽을 매일 오른다
홀시아버님 대소변 받아가며 너무 힘든 세월
세월은 미움도 원망도 사랑으로 바꾸며
친정아버님처럼 모셨다
남편도 못 보고 지쳐 이대로 죽는 건 아닌지

恨 26

飜譯 洪潤基

男やもめの舅の叱言で日が上る夜明け
塀を越え町内の人びとを起こす
ぶちまける叱言はあの世の歌
血の気のない顔は悲しく淋しくても
おぼろな道の方の庭掃いて戻つて飯をたく
薬を用意し洗濯に魚のトゲに手を荒し
にたこができ縫物するとき絹の布目解く手の刺
海外勤務でお客のように出入りする夫
家族写真にいない夫の姿
しみ入るようにこいしく詩を書く
レントゲン写真の正常な胸は痛みが激しく
三兄妹の愛の種がおり死ぬわけにはいかない
沈黙と献身で千里の氷壁を毎日上る
男やもめの舅の大小便の世話に疲れる歳月
歳月は憎しみも怨みも愛に変へ
本当の父のように仕えた
夫にも会えずこのまま疲れて死ぬのではなかるか

테즈메니아의 구일간

테즈메니아는
호주 본토 범죄자들을 수용하였던 유형지였는데
지금은 아름다운 공원으로 조성되어
그 안에 죄수들의 교회와 독방이
기념으로 남아 있고
감옥에 들어가는 카드 입장권에
카드사진 인물 따라
그 죄수들의 일생을 찾아보는
스릴과 즐거움도 있다
내 카드의 죄수는
십육세에 들어온 미소년이다
너무 가슴 아파 그 영혼을 위해
묵념 기도해 주었다
쇠고랑을 발에 차고 웃고 사진 찍는 사람도 있다
나와서 설명 들으며 돌아보는 넓은 공원은 참 아름답다

버스로 한참을 달리다 내리면
가는 곳마다 날씨와 온도차가 심하다
바다와 산과 숲, 호수와 강, 넓은 푸른 초원
끝없이 펼쳐진 푸른 초원에 풀을 뜯는 양떼들
하늘이 맞닿은 듯 가보면 넓은 초원에 검은 소들

タスマニアの九日間

飜譯 洪潤基

タスマニアは
オーストラリア本土の犯罪者たちを収容した流刑地だつたが
いまは美しい公園に造成され
その中に罪囚らの教会と独居が
記念として残つており
監獄に入るカード券に
カードの写真の人物について
その罪囚の一生を探ねる
スルリと面白さがある
わたしのカードの罪囚は
十六歳で入獄した美少年だ
あまりに心痛くその靈魂のため
黙祷を捧げた
手錠を腕にはめ笑つて写真を撮る者もいる
出て説明を聞き振り返る広い公園はとても美しい

バスでしばらく走つて降りると
行く処ごと気候と温度差が激しい
海と山と森、湖と川、広い青い草原
果しなく広がる青い草原に草を食む羊の群れ
空と接するくらいゆくと広い草原に黒い牛たち

차창의 풍경이 바뀔 때마다
대자연의 아름다운 공원 같은 섬
숲과 고사목이 어우러진 풍경
설날이 그리워지는 이국의 설경
밭갈이를 한 적색 토양의 흙
천자만홍인 튤립 꽃밭의 황홀한 감격
세상에서 제일 긴 대형의 무지개
꽃밭의 감격에 신기루를 보았나 하는데
할머니 무지개다 하는 손녀의 말에
무지개는 가까이 있었다

하루에 일인 팔십불
광산 기차를 타고 달리면
깊은 계곡 금이 나왔다는 황금빛 물길 따라
깊숙이 계곡 습지대를 지나다 보면
35m의 나무들을 볼 수 있다
광산에서 나온 보석돌 전시와 도시락도 준다
다양한 꿀 전시와 맛도 볼 수 있다
참으로 아름다운 테즈메니아

空と接するくらいゆくと広い草原に黒い牛たち
車窓の風景が変わるつど
大自然の美しい公園のような島
森と枯れ死にした木が調和した風景
故郷の元旦がこいしくなる異国の雪景
畑を耕した赤い土壌の土
千紫万紅のチユーリツプ畑の恍惚な感激
世の中でいちばん長い大型の虹
花畑の感激に蜃気楼を見たかと思つたが
おばあちやん虹という孫娘の言葉に
虹は近くに架かつていた

一日に一人、八十ドル
鉱山の汽車に乗つて走ると
深い渓谷、金が出たという黄金色の川に沿い
深く渓谷の湿地帯を通つてみると
35mの木を見ることができる
鉱山から出た宝石の展示と弁当ももらえる
多様な蜂蜜の展示と味見もできる
実にきれいなタスマニア

킬리만자로

사계절 눈이 쌓인 킬리만자로
멀리서 바라만 보아야 하는 성스러움
항상 눈이 쌓여 베일에 가리워진 산
동이 트는 순간 운무는 걷히고
활화산처럼 불을 뿜는 사랑의 불꽃
사무치도록 그리워 통곡하는 기다림은
눈의 결정체를 이루어
진홍과 흰 빛(光)을 발하는
사랑의 기다림이여

못 박히듯 끓어 오르는 감동으로
바라고 서서
생명의 깊은 바다 속에서
절실한 사랑의 앙금들로 이룬
사무치는 언어들로
몸 세포마다 폭포수처럼 터져 나오는
울부짖는 영혼의 기도가 있습니다
할 말이 너무 많아서
침묵할 수밖에 없는 나는
나의 사랑을 삶을 본다
아! 사무치는 그리움의 기다림이여

Mt. Kilimanjaro

Translated by Joon-Young, Lee

"Mt. Kilimanjaro, covered with snow in all seasons,"
Has sanctity seen only from a place afar
With the snow accumulated on it
The mountain is veiled in mystery
Yet the cloud and mist are cleared
At the break of dawn
It spouts out flames of love
Like active volcano
Waiting for beloved one
Yearning for beloved one
Have formed a crystal of snow
It now waiting for the beloved one!

Looking afar from the deep sea of life
"With deep, surging emotion"
I put forward heartbreaking words
To you
Formed with remnants of ardent love
It bursts forth from each cell of my body
Like a cascade

There is a prayer
Offered by exclaiming soul
With too many words to speak out
I merely remained silent
Yet I can see my love and my life
"Ah, waiting for beloved one"
May the meeting be realized!

주님

아름다운 초록의 나뭇잎들이
주님의 숨결로 불어와 땀을 씻어 주시니
시원함이 주님 사랑 충만하옵니다

몸이 고달파도 은혜로 충만하여
춤으로 말씀을 전하는 눈빛은
하늘을 향해 행복 합니다

아름다운 자연과 꽃향기를 통해
삶 속에 하나님을 느낄 수 있어
외로운 그리움을 잊고 주님 찬양 하옵니다

인간의 사랑만이 행복한 줄
아름다운 줄만 알았는데
하나님 사모하는 마음이 얼마나 아름다운지

The Lord

Translated by Joon-Young, Lee

Beautiful green leaves
Wipe my sweat
Blowing like a breath of the Lord
Filling the word with love

Though fatigued mentally and physically
My heart is overflowing with your benevolence
With boundless happiness
Seeing the glitter of your eyes
Touching my heart like a joyful dance

Though beautiful nature and fragrance of flowers
"I feel you, the Lord, within my life"
I chant the praises of the Lord
Leaving loneliness far behind

I believed only human love
Constitutes happiness
Only human life is beautiful

But I now realize
How beautiful mind it is
"To long for you, the Lord"

세탁기

새로 들어온 세탁기는
일 잘하는 새댁

세월 속에 빛 바래며
차차 기능을 잃어간다

텅 빈 빨래 그릇은
여인의 공허한 가슴

아이들이 흠집을 내고 녹슬어도
희생을 낙으로 삼는 노모 같다

Washing Machine

Translated by Joon-Young, Lee

A skillful bride
Is the newly-purchased washing machine.

Little by little,
Its function deteriorates
With the lapse of time,
And loses color.

The vacant washtub
Is empty bosom of a woman.

Though it gets scratched by children
And become rust,

It is like an aged mother
Who rather delights
In self-sacrifice.

나무

굳건한 뿌리로 둘러싸여
단단히 버티고 서 있다
어떤 폭풍우에도 쓰러지지 않을 자태로
푸르름이 한창인 저 나무
저 나무 등걸에 앉아 있으면
전 생애의 엑기스로 된 언어를 찾아
시를 쓸 수 있을까
우람하고 아름다운 나무에 둥지를 틀고
청아한 목소리로 우는 새
자식을 위한 기도로 청아한 목소리로
하늘에 울려 퍼지는 기도를 하고 싶다
엄마가 되어 시인이 되어
저 우람한 아름다운 나무가 되고 싶다.

나무에 글씨와 그림이 새겨져 있다
인간의 이기심이 낸 상처들
살기 위한 길을 찾아 뻗는 가지들 사이
고통 속에 이루어진 구멍 속에
세월의 빗물 낙엽들은 쌓여
일부는 썩고 검은 빛으로 촉촉이 젖어 있다
개미들에게도 보금자리를 내어주는 나무

The Tree

Translated by Yuhn-Bok, Kim

I see a tree in its prime green
On its huge trunk, its powerful roots
Deep down under earth, standing
Up right unaffected by any storm;
Then, if I write sitting on its strong stem,
Can I produce a magnificent poem
With its life-long sap of energy ?
Can I sing so beautifully as that bird
Having its nest in it ?
I also want to sing a song of prayers
beautifully into the sky as a singer
or as a mother for my own children;

I saw traces of scars dug out
Here and there on the trunk or on branches
for selfish people's names ignoring the tree's pain;
And still the generous grand tree offers its
Places of scars to the ants for their nests
Each with its proper darkness and moisture;
A tree like a mother giving all hers out
With love, patience and devotion.

모든 것을 아낌없이 내어주는 나무
침묵의 인내로 헌신과 사랑으로
버티는 어머님 같다
큰 나무가 모여 훌륭한 나무의 쉼터가 되듯
좋은 인맥을 만들며 서로 도와
멀리서도 찾아올 수 있는 큰 나무가 되자

Let us become each a human tree
In human woods offering ourselves
For all the visitors.

햇살

자꾸만 무너져 내리는 가슴을
간신히 안고
따뜻한 햇살을
해바라기하고 있으면
내 속에 살고 있는 당신의 모습
당신의 언어들이
피부 속 근육에
뿌리로 내려
햇살은 따뜻한 눈빛으로
가득히 돌아오고
알찬 시간 속으로 날 일으키는
생명으로 우거진 찬란한 빛이 된다

Sun Rays

Translated by Yuhn-Bok, Kim

When I keep watching the warm
Sun rays like a sunflower,
Balancing myself from
A heart breaking down,
I feel you living, breathing,
Deep down in me:
Your words rooting down strong
Into my flesh, bringing those warm
Sun rays to me again, putting me
Back in those bright days
Of our life, enjoying powerful rays
Of life all around us.

정상을 향해

같은 꿈을 가진 무리들이 정상을 향해 오른다
저마다 자리잡고 시상을 조각한다
소복한 여인도 홀로 자리잡았다
시간 내에 끝 맞춘 이들은
확인도 하지 않은 채 바다에 던지고
부러운 모습으로 하산한다
아직 앉아 조각하는 이도 있다
세월이 바뀌고 아무도 없다
신선인 듯 스승인 듯하는 이
끝났다는 듯 휘익 돌아보고 간다
파도가 심하고 눈보라가 치는데
시린 가슴 얼은 손은 조각하는 걸 멈추지 못한다
끝 마친 조각품 바다에 던지고
살아 바다를 헤엄쳐 가는 걸 보고 쓰러진다

At the Hilltop of Life

Translated by Yuhn-Bok, Kim

A group of people with a same dream
Rushed up toward the hilltop
To participate in the contest of carving,
Carving an image of life on it,
Including a white-clad widow; but she saw
Most of them already climb down the hill
After finishing their works in time and, then,
Throwing all their works into the sea;
She's still working on it, finding at last
No one around her, even those divine
Judges of the contest gone as if their
Mission all done; and still she is busy
On it carving her work with her frozen
Fingers, alone under snowstorms,
To see her own finished work rush down
Powerfully across the sea at last.

작품해설

포스트모던적인 아포리즘의 미학 창출

홍 윤 기

일본 센슈대 대학원 국문학과 문학박사
한국외국어대 '한국시' 담당 교수

21세기 초인 오늘의 우주과학 시대를 흔히 포스트모던의 세기라고 논의하고 있다. 그러기에 인류를 위한 탁마된 고도의 지성과 새로운 창조에 대한 첨단적 감각이 없이는 이 시대의 '현대시' 도 쓸 수 없다고 본다. 모름지기 선도적(先導的) 시인이 되기 위해서는 이에 걸맞는 예리한 지성과 활달한 감각으로 고도로 세련된 언어 구사로써 심도 있는 이미지가 생기 발랄한 메타포로써 형상화된 시세계를 엮어내야만 한다.

이번에 전인숙 시인의 작품들을 탐독하면서 우선 그와 같이 내실한 뛰어난 시작품들이 그득 넘치고 있다는데 감동 받았다. 좀더 일찍 전인숙 시인의 시세계와 접목되지 못한 것을 아쉽다고 의식하면서 오랜 동안 남 모르게 시창작에 정진해 온 전인숙 시인의 각고의 노력을 높이 사주련다.

전체적인 작품을 일괄적으로 논하자면 시작품마다 그 이미지 전개 과정에서 전인숙 시인이 시를 창작하려는 근본적인 목적이 참다운 시어 구사를 통한 진선미(眞善美)의 결정(結晶) 형성에로 일관되고 있는 것을 살필 수 있었다. 따라서 독자들이 이제 이 시집의 콘텐츠를 올바르게 파악한다면 그와 동시에 전인숙 시인의 시작품의 진가를 누구나 높이 사주게 될 것이다. 전인숙 시인이 추구하여 온 시라는 것은 오로지 진선미가 이루어내는 참답고 아름다운 노래이기 때문이다. 그와 같은 진실된 시의 작업이야말로 이제부터 많은 독자들에게 기쁨과 감동을 무한하게 베풀게 될 것이다.

오늘의 시 작품들이 자꾸만 '이야기화(化)' 되면서 시 본래의 리리컬한 '노래' 가 망각되는 데 대한 경종의 한 표본시가 바로 이 전인숙 시집이라 하여도 결코 지나친 말은 아닐 것 같다. 현대시의 생명력은 이미지(image)의 발랄한 전개 과정에서 눈부시게 꽃핀다. 그러나 좀 답답한 것은 수많은 사람들이 '이미지' 가 아닌 '스토리' (story) 제시를 마치 시인양 착각하고 '시' 가 아닌 '이야기' 를 '시' 대신에 시행간에다 나열하고 있는 게 지금의 현상이다. 좀더 구체적으로 지적하자면 '시' 는 '이야기' 가 아닌 '노래' 를 쓰는 일이다. '이야기' 는 '수필' 이나 '소설' 에서 다루는 문학적 언어 표현 방법이다. 이제 '노래' 로써 엮어진 전인숙 시인의 역편(力篇) 〈햇살〉부터 감상해 보자.

자꾸만 무너져 내리는 가슴을
간신히 안고
따뜻한 햇살을
해바라기하고 있으면

내 속에 살고 있는 당신의 모습
당신의 언어들이
피부 속 근육에
뿌리로 내려
햇살은 따뜻한 눈빛으로
가득히 돌아오고
알찬 시간 속으로 날 일으키는
생명으로 우거진 찬란한 빛이 된다

— 〈햇살〉 全文

우선 전인숙 시인이 제재(題材)로써 설정한 '햇살' 이란 과연 무엇인가를 생각해 보자. 독자는 그것을 분석하면서 다시금 이 빼어난 한국 현대시 〈햇살〉을 다시 한 번 음미할 일이다. "자꾸만 무너져 내리는 가슴을/ 간신히 안고/ 따뜻한 햇살을/ 해바라기하고 있으면/ 내 속에 살고 있는 당신의 모습" (전반부)에서 화자가 등장시킨 존재인 '당신' 은 과연 누구일까를 따져보자. 우선 여기서 '당신' 은 한 '절대자' 로서 파악할 수 있을 것이다. 즉 이 절대자란 '신(神)' 일 수도 있고, 또는 역사적 위인이거나 존경하는 인물, 나아가 가장 사랑하는 사람이 될 수도 있다. 그러나 시인은 '당신' 이라는 절대자를 곧 스스로가 평생 두고 창작하고 있는 '훌륭한 시' 라고 설정했다면 어떨까.

그 해답을 찾기는 결코 어렵지 않을 것 같다. 즉, 화자는 "당신의 언어들이/ 피부 속 근육에/ 뿌리로 내려/ 햇살은 따뜻한 눈빛으로/ 가득히 돌아오고/ 알찬 시간 속으로 날 일으키는/ 생명으로 우거진 찬란한 빛이 된다" (후반부)고

귀결지었다. 전인숙 시인의 열망은 다름 아닌 '찬란한 빛' 으로서의 '당신', 즉 생애를 걸고 쓰고 있는 오로지 '빛나는 시' 라고 지적한다면 필자의 해석이 적중한 것은 아닐런지. 다만 여기서 필자가 굳이 그 점을 단정하지 않는 것은 '시' 는 읽는 독자의 견해가 각기 다를 수 있고, 설령 자기와 생각이 다르더라도 결코 잘못이 아니기 때문이다.

이 작품 〈햇살〉은 한국 시단에 등장한 새로운 좋은 시다. 앞으로 우리 시단에서 응당한 평가를 받을 것으로 여긴다. 참으로 수많은 독자들에게 참다운 햇살을 비쳐주는 희망차고 아름다운 시로서 칭송받게 될 것을 기대한다. 전인숙 시인은 누구 보다도 빼어난 이미지의 구사력을 이 작품에서 유감없이 발휘하고 있다.

이미지라는 말은 본래 영어가 아닌 라틴어에서 생긴 낱말이다. 지금의 영어가 된 '이미지' (image)는 라틴어의 '이마고' (imago)가 그 모어이다. 라틴어로서의 '이마고' 는 '흉내내기' (copy)라는 뜻을 가졌다. 또한 '이마고' 는 영어의 '이메진' (imagine; 상상한다)이라는 단어와 '이메지네이션' (imagination; 상상; 상상력)이라는 낱말도 만들어 주었다. 이 시 〈햇살〉은 이미지 구사의 한 전형적인 표본을 보여주고 있어서 기념비적 한국 명시로 거듭 평가할 만하다.

참다운 시는 진선미로써 승화된다. 관념적인 것이 아닌 언어 예술로서 승화된 진선미에서의 진(眞)은 서로간에 거짓이 없는 사고와 존재의 합치, 곧 '진리' 의 시어로써 구상화된다. 그러한 명시라는 것은 지금까지 찾아볼 수 없었던 새로운 '노래' 로서의 시의 구축이다. 그와 같은 관점에서 이번에는 전인숙 시인의 〈나무〉를 감상해 보자.

굳건한 뿌리로 둘러싸여
단단히 버티고 서 있다
어떤 폭풍우에도 쓰러지지 않을 자태로
푸르름이 한창인 저 나무
저 나무 등걸에 앉아 있으면
전 생애의 엑기스로 된 언어를 찾아
시를 쓸 수 있을까
우람하고 아름다운 나무에 둥지를 틀고
청아한 목소리로 우는 새
자식을 위한 기도로 청아한 목소리로
하늘에 울려 퍼지는 기도를 하고 싶다
엄마가 되어 시인이 되어
저 우람한 아름다운 나무가 되고 싶다

— 〈나무〉 제1연

〈나무〉는 진선미의 노래로서의 새로운 시작품이다. 시언어의 표현상 가장 큰 특징은 운율(리듬)을 가져야 한다는 점이다. 이것은 곧 노래의 형식이다. 그러기에 근본적으로 시는 노래가 그 바탕이다. 그러나 계속하여 노래가 아닌 이야기를 늘어 놓는다면 그것은 시에 대한 무지의 소치이다. 더구나 참다운 가치 있는 시는 지금까지 다른 시인들이 전혀 다루지 않은 새로운 소재이거나 제재의 빛나는 이미지의 신선한 노래의 시작업이다. 그것은 곧 한국 현대시를 발전시키게 될 것이다. 시는 반드시 새로워야만 하기 때문이다.

그와 같은 관점에서 전인숙 시인은 〈나무〉를 '시'로써 은

유하면서 독자를 다시 감동시킨다. “굳건한 뿌리로 둘러싸여/ 단단히 버티고 서 있다/ 어떤 폭풍우에도 쓰러지지 않을 자태로/ 푸르름이 한창인 저 나무/ 저 나무 등걸에 앉아 있으면/ 전 생애의 엑기스로 된 언어를 찾아/ 시를 쓸 수 있을까”(1 ~ 7행)라는 이 진지한 소망의 시에 수반되는 것은 두 말할 나위없이 순수한 진(眞)이고 굳건한 의지의 선량한 선(善)이며 아울러 그것들이 빚어내는 아름다움인 미(美)의 시세계이다.

온 인생의 기간을 통해 각고의 노력과 그 눈부신 신념 속에서 가장 정선된 한 편의 시를 끈질기게 써내고 싶다는 열망이 독자의 심금을 무한히 울려준다. “우람하고 아름다운 나무에 둥지를 틀고/ 청아한 목소리로 우는 새/ 자식을 위한 기도로 청아한 목소리로/ 하늘에 울려 퍼지는 기도를 하고 싶다/ 엄마가 되어 시인이 되어/ 저 우람한 아름다운 나무가 되고 싶다”(8 ~ 13행)는 이 절절한 바람. 더구나 이 시에서는 훌륭한 시와 자식과 어머니가 삼위일체로 융합된 빛나는 발상이 꽃피고 있다. 그러기에 전인숙 시인의 시작업은 값진 ‘진선미의 노래’로서 평가하고 수용해야만 한다. 생애 최고의 시와 어머니의 참다운 훈육으로서의 자식, 과연 이 작업은 스스로의 간절한 소망과 피나는 노력이 뒤따르며 성취될 것이다. 어머니로서의 값진 삶의 양식, 즉 그 눈부신 사랑을, 나아가 그 거창한 작업을 이루려는 광막한 바다가 또한 오늘 여기 펼쳐지고 거센 파도는 노도친다. 그 〈파도치는 바다〉를 감상해 보자.

파도는 나를 닮았다

하얗게 부서지는 아픔이 있을지라도
아름다운 진실이라면
두려움 없이 부서진다

회초리를 든 엄마의 사랑처럼
세상이 놀라도록 외치며
눈부신 햇살로 하얗게 부서지는 파도
바다는 두려운 아름다움으로 파도친다
바다는 생명을 잉태하여
품어 안아 기른다

— 〈파도치는 바다〉 全文

"파도는 나를 닮았다/ 하얗게 부서지는 아픔이 있을지라도/ 아름다운 진실이라면/ 두려움 없이 부서진다"(제1연)라고 하는 오프닝 메시지로부터 전인숙 시인은 역동적인 아포리즘으로 다시금 독자를 압도해 온다. 파도라는 대자연의 무한대의 파워 스트럭처(힘의 구조)라는 막강한 존재를 의인화시키면서 시를 통한 인생의 참다운 의지를 진선미로써 여과시키는 메타포의 뛰어난 테크닉(기교)을 구사하고 있다. 전인숙 시인의 탁월한 언어 구사력은 대뜸 독자를 화자의 거센 파도 속으로 침잠시킨다. "회초리를 든 엄마의 사랑처럼/ 세상이 놀라도록 외치며/ 눈부신 햇살로 하얗게 부서지는 파도/ 바다는 두려운 아름다움으로 파도친다/ 바다는 생명을 잉태하여/ 품어 안아 기른다"(제2연)고 하는 자모(慈母)의 숭고한 사랑 넘치는 훈육애(訓育愛) 정신의 이미지 형상화 작업은 어느 시인에게서도 지금껏 찾아볼 수 없는 시 예술의 승화라고 평가하지 않을 수 없다. 틀에 박힌 수신(修身), 도덕 교육의 고루한 교과서적 교훈은 21세기라는 우주시대 수재들에게는 통하지 못한다. 어머니의 눈물겨운 참사랑의 바다로서의 큰 가슴과 그 바다의 파도의 포용으로서의 가르침의 진실이 독자의 가슴을 끊임없이 뜨겁게 달궈주고 있는 명시(名詩)가 아닐 수 없다.

우선 작품이 전체적으로 신선하다. 제재도 새롭거니와 소재 역시 참신한 우리 한국 시단에서 좀처럼 보기 드문 수작(秀作)이다. 현대시의 생명력은 이미지(image)의 발랄한 전개 과정에서 눈부시게 꽃핀다. 나는 시인을 가리켜 일종의 '영혼의 엔지니어' 라고 주장하고 있다. 왜냐하면 시인이란 일상 속에서 흔히 눈에 보이는 것을 쓰는 것이 아니고, 남의 눈에 전혀 보이지 않는 것을 볼 수 있도록 쓸 때 그를 '유능한 시인' 이라 부를 수 있기 때문이다. 자식들을 위해 헌신하는 모성애의 참다운 모습이 바다와 파도 속에 영상화된 과정은 더욱 새로운 시세계의 전개 과정이다. 그 일환으로써 이번에는 전인숙 시인의 '세계 기행시' 중에서 아프리카의 최고봉 〈킬리만자로〉를 감상해 본다. 이 작품 역시 독자의 눈을 두드러지게 이끌어주고 있다.

사계절 눈이 쌓인 킬리만자로
멀리서 바라만 보아야 하는 성스러움
항상 눈이 쌓여 베일에 가리워진 산
동이 트는 순간 운무는 걷히고
활화산처럼 불을 뿜는 사랑의 불꽃

사무치도록 그리워 통곡하는 기다림은
눈의 결정체를 이루어
진홍과 흰 빛(光)을 발하는
사랑의 기다림이여

— 〈킬리만자로〉 제1연

전인숙 시인의 기행시들 중에서 특히 〈킬리만자로〉는 인간의 참다운 열정적 의지가 사랑의 불꽃으로 시심(詩心)을 눈부시게 승화시키고 있다. 우선 이 작품에는 시인의 '초자아' (超自我)의 시세계가 천공으로 솟구치는 양상이 놀랍다. 인간 스스로가 도저히 그 정상에 오를 수 없는 눈 덮인 화산으로 이름난 아프리카 동부의 고산 킬리만자로(표고 5895m)에 이미 전인숙 시인의 정신세계는 우뚝 그 정상에 올라가 서 있다.

일찍이 미국 작가 헤밍웨이가 즐겨 찾았던 그 산을 향해 한국 여류시인 전인숙도 발길을 옮겨, "사계절 눈이 쌓인 킬리만자로/ 멀리서 바라만 보아야 하는 성스러움/ 항상 눈이 쌓여 베일에 가리워진 산/ 동이 트는 순간 운무는 걷히고/ 활화산처럼 불을 뿜는 사랑의 불꽃/ 사무치도록 그리워 통곡하는 기다림은/ 눈의 결정체를 이루어/ 진홍과 흰 빛(光)을 발하는/ 사랑의 기다림이여" (제1연)라고 노래하면서 시혼(詩魂)을 사랑의 불꽃으로 눈부시게 불살랐다. 정신의학자 프로이드(Freud, Sigmund, 1856 ~ 1939)는 "인간 개인의 개성(퍼스낼리티)에는 3개의 탈(假面)이 있는데, 자아의 내부에서 선악을 판단해내는 초자아(超自我)야말로 참다운 제3의 탈이다" 라고 지적했던 것이 이 작품 킬리만자로를 대하면서 문득 떠올랐다. 그렇다. 능력 있는 시인의 최고선(最高善)의 이미지 발상은 인스피레이션(靈感)을 통해 초자아(超自我)의 경지에 이르며 그 시상(詩想)을 새롭게 메타포하여 독자들에게 참신한 시세계를 펼쳐 보여준다. 누구거나 그와 같은 관점에서 전인숙 시인의 참신한 초자아의 개성적인 시경(詩境)에 접근하면 좋을 것 같다. 이제 아울러 전인숙 시인의 솟구치는 의지와 끈질긴 칸퍼던스(신념)의 시 〈정상을 향해〉를 잇대어 따라 올라서 보자.

같은 꿈을 가진 무리들이 정상을 향해 오른다
저마다 자리잡고 시상을 조각한다
소복한 여인도 홀로 자리잡았다
시간 내에 끝 맞춘 이들은
확인도 하지 않은 채 바다에 던지고
부러운 모습으로 하산한다
아직 앉아 시를 조각하는 이도 있다
세월이 바뀌고 아무도 없다
신선인 듯 스승인 듯하는 이
끝났다는 듯 휘익 돌아보고 간다
파도가 심하고 눈보라가 치는데
시린 가슴 얼은 손은 조각하는 걸 멈추지 못한다
끝 마친 조각품 바다에 던지고
살아 바다를 헤엄쳐 가는 걸 보고 쓰러진다

— 〈정상을 향해〉 全文

전인숙 시인은 값진 나날들에의 새로운 상념 속에서 그

야말로 〈정상을 향해〉가슴 벅찬 이미지들을 개성적으로 알차게 쌓고 있다. 인간이 자아를 올바로 파악하기 위해서는 인간 일반으로서의 '나' 가 아닌, 인간 개인으로서의 '나' 를 인식할 필요가 있다. 인간 개인으로서의 '자아 인식' 이야말로 '개성' (personality)의 참다운 파악이다. 현대시는 가장 개성적일 때 만인에게 공감되는 명편이 된다. 개성적인 시는 시문학적인 새로운 가치며 이상을 자신의 내부로 받아들여서, 객관적으로 창작되기에 이른다. 그러기에 '정상을 향해' 꾸준히 오르며 조각가가 필생의 명작을 조각하는 양 시심을 갈고 닦는 각고의 모습을 알차게 담는 풍경을 함께 감상해 보자.

"같은 꿈을 가진 무리들이 정상을 향해 오른다/ 저마다 자리잡고 시상을 조각한다/ 소복한 여인도 홀로 자리잡았다/ 시간 내에 끝 맞춘 이들은/ 확인도 하지 않은 채 바다에 던지고/ 부러운 모습으로 하산한다/ 아직 앉아 조각하는 이도 있다" (전반부)고 하는 역사에 남길 최걸작을 형성하려는 순수한 무리들의 형상이 시각적으로 영상화 되면서 삶의 가치 추구로 고뇌하며 각고하는 좌절과 영광의 풍자적 파노라마가 상징적으로 영상화 되고 있다. 어쩌면 이것은 현실 고발의 시정신이 심볼리즘(symbolism)의 상징 수법으로 두드러지게 잘 표현되고 있다고 평가할 수 있다. 포스트모던의 현대시야말로 감각적으로 에스프리(esprit/ F)가 강한 정신미(精神美)를 형상화시키는 뛰어난 기교를 발휘하는 데 있기 때문이다.

"세월이 바뀌고 아무도 없다/ 신선인 듯 스승인 듯하는 이/ 끝났다는 듯 휘익 돌아보고 간다/ 파도가 심하고 눈보라가 치는데/ 시린 가슴 얼은 손은 조각하는 걸 멈추지 못한다/ 끝 마친 조각품 바다에 던지고/ 살아 바다를 헤엄쳐 가는 걸 보고 쓰러진다”(후반부)고 하는 전인숙 시인의 〈정상을 향해〉의 귀결은 참으로 최선을 다한 후회 없는 화자의 이지적(理知的)인 영상의 미감(美感)을 돋보이고 있다. 필자는 금년 2월 미국 강연 여행길에 뉴욕 메트로폴리탄 미술관에서 로댕의 〈생각하는 사람〉 실물 조각 작품을 감상했던 당시가 이 시 〈정상을 향해〉를 읽으며 강력하게 연상되었다. 어쩌면 이 세계 역사적 최고의 걸작 명품은 “바다에 던지고” 없는 것은 아니런가.

이번 전인숙 시집을 통하여 화자는 시 한 편 한 편에서 참다운 인간의 삶의 양식에 대한 심도 있는 규명을 하는 독특한 시의 표현 수법이 독자를 압도하고 있다. 21세기의 현대시는 구시대의 진부한 시적 사고(詩的思考)의 틀을 과감하게 깨뜨리고 포스트모던의 신선한 전진적 감각의 새로운 시의 형상화(形象化) 양식(樣式)을 도입해야 한다는 견지에서도 전인숙 시인의 시는 한국 현대시의 새로운 아포리즘의 가편(佳篇)들을 유감없이 보여주고 있다. 더구나 전인숙 시인은 세련된 일상어(日常語)에 의한 이미지의 심층(深層)의 전환(轉換) 수법이 새롭고, 짙은 서정미와 더불어 풍자적인 메타포(metaphor)의 시어(詩語) 구사기교 또한 매우 뛰어나다. 그뿐 아니라 현실 고발의 시정신이 심볼리즘(symbolism)의 상징 수법으로 두드러지게 잘 표현되고 있다는 것도 끝으로 지적해 두고 싶다.

전인숙 제4시집

정상을 향해

•

지은이 / 전인숙
펴낸이 / 김재엽
펴낸곳 / 한누리미디어
디자인 / 지선숙

•

110-816, 서울시 종로구 부암동 185-5번지 4층
전화 / (02)379-4514, 379-4519
Fax / (02)379-4516
E-mail/hannury2003@hanmail.net

•

신고번호 / 제300-2006-61호
등록일 / 1993. 11. 4

•

초판발행일 / 2007년 9월 10일

•

•

값 6,000원

•

※잘못된 책은 바꿔드립니다.

•

ISBN 978-89-7969-309-6 03810